O BEBÊ JÁ FALA!

UM LIVRO SOBRE A FALA DO BEBÊ

ESCRITO POR

A aprendizagem da fala não é uma tarefa fácil para o bebê. Além de nomear as pessoas, os objetos e os lugares, ele também precisa aprender como falar em cada ocasião. Muitas vezes, as suas emoções atrapalham a sua comunicação com as demais crianças e o com os adultos também. E o que era para ser falado, acaba virando choro, angustia.

Neste livro, a fala é o tema principal, mostrando ao bebê o que ele pode falar e como pode falar todas as vezes que tem fome, sede, está cansado ou quer algo emprestado. Ler para bebê é algo muito prazeroso e o livro pode ser uma fonte de informação e entretenimento. Além de estreitar o vínculo com o leitor adulto, ele aprenderá a relacionar o conteúdo dos textos e das imagens aos acontecimentos do seu dia a dia.

O BEBÊ JÁ SABE FALAR,
O QUE ELE DIZ QUANDO...

QUANDO O BEBÊ CHEGA NA ESCOLA,
PENDURA A MOCHILINHA,
TIRA O CASAQUINHO,
DÁ UM ABRAÇO NO ADULTO
E FALA PARA TODO MUNDO...

BOM DIA!

QUANDO O BEBÊ ESTÁ COM FOME,
ELE PEGA UMA BANANINHA,
DESCASCA A BANANINHA,
DÁ UMA MORDIDA NA BANANINHA
E FALA BEM CONTENTE...

HUMMMM, QUE GOSTOSO!

QUANDO O BEBÊ TEM SEDE,
ELE PEGA O COPINHO,
APONTA PARA A GARRAFA DE ÁGUA,
PEDE AJUDA PARA COLOCAR A ÁGUA
E FALA EDUCADAMENTE...

QUERO
ÁGUA,
POR FAVOR!

QUANDO O BEBÊ QUER UM BRINQUEDINHO,
ELE SE APROXIMA DO AMIGUINHO,
APONTA PARA O BRINQUEDINHO,
OLHA PARA O AMIGUINHO
E FALA BEM BAIXINHO...

EMPRESTA?

OBRIGADO!

QUANDO O BEBÊ ESTÁ CANSADO,
ELE ERGUE OS BRACINHOS,
APERTA AS MÃOZINHAS,
SOBE NA PONTA DOS PEZINHOS
E FALA BEM MANSINHO...

QUERO
COLO!

QUANDO O BEBÊ VAI PASSEAR,
ELE SENTA NO CARRINHO,
PEGA UM BRINQUEDINHO,
ACENA COM AS MÃOZINHAS
E FALA PARA TODO MUNDO...

TCHAU, TCHAU PESSOAL!

Espalhando livros, formando leitores!

NOSSA MISSÃO

Publicar livros de qualidade que permaneçam na mente dos nossos leitores como fonte preciosa de conhecimento e de entretenimento.

Bebê Leitor é marca registrada da Bon Bini Books, selo internacional da Editora Bamboozinho.
São Paulo/SP - Brasil • Miami/FL - EUA

Conheça os nossos livros: www.bonbinibooks.com

Acompanhe nossas novidades: @bonbinibooks

Este livro foi comercializado pela Livraria Internacional Buobooks. Caso apresente algum defeito, entre em contato com: atendimento@buobooks.com.

ISBN 978-65-86389-15-9

Escrito por **Aloma**

Produção coordenada por **Suria Scapin**

Ilustrado por **Vanessa Alexandre**

Diagramado por **Daniela Fujiwara**

Publicado por **Bon Bini Books**

www.bonbinibooks.com.br

www.ingramcontent.com/pod-product-compliance
Ingram Content Group UK Ltd.
Pitfield, Milton Keynes, MK11 3LW, UK
UKHW061949290726
14090UKWH00021B/1148

9 786586 389159